Sofía en una Aventura por la Selva

Bienvenido a..

Por Giselle Shardlow

Ilustraciones de Emily Gedzyk

Traducido por Viviana Scirgalea

KIDS YOGA
STORIES

www.kidsyogastories.com

Para mi hija, Anamika, que algún día podría convertirse
en una yogui viajera.

~ G.S. ~

Para mi madre, la mujer más admirable que conozco.
Y para Dan, mi constante inspiración en la vida.

~ E.G. ~

Sofía en Una Aventura Por la Selva

Segunda Edición

Copyright © 2014 por Giselle Shardlow
Portada e ilustraciones por Emily Gedzyk
All images © 2013 Giselle Shardlow
Original published as **Sophia's Jungle Adventure**

ISBN-13: 978-1479340040
ISBN-10: 1479340049

Kids Yoga Stories
Boston, MA
www.kidsyogastories.com
www.amazon.com/author/giselleshardlow
Envíanos un correo electrónico a info@kidsyogastories.com

¿Qué opinas?
Cuéntanos tu opinión sobre Sofía en una Aventura por la Selva escribiendo a feedback@kidsyogastories.com

Impreso en EE.UU.

Bienvenido al Libro de Cuentos de Yoga para Niños

La serie de Cuentos de Yoga para Niños está diseñada para enseñar a los niños pequeños a asociar los movimientos del yoga con objetos y acciones de su vida cotidiana. Cada historia incorpora una secuencia de posturas, mientras que al mismo tiempo fomenta divertidas y dinámicas experiencias de aprendizaje. El objetivo es lograr una conexión real entre las mentes y cuerpos de los niños, incrementando su comprensión de los movimientos del yoga e inspirando en ellos el amor por la lectura.

Mientras avanzas en la historia, alienta a los niños a imitar las posturas escritas en negrita en cada página. La lista al final de la historia muestra las posturas correspondientes a cada una de las palabras en negrita. Las ilustraciones también son de gran ayuda para que los niños puedan realizar las posturas.

Diviértanse, pero por favor háganlo con seguridad. ¡Esperamos que disfruten su viaje de yoga!

Para obtener más información y recursos adicionales, por favor visítanos en:

www.kidsyogastories.com

"¿Empacaste tu protector solar?", preguntó el papá de Sofía.

"¿Llevas tu sombrero para el sol?", preguntó la mamá de Sofía.

"¿Y tus binoculares y la lupa?", dijo el hermano de Sofía,
Darren, disimulando su risa.

"¡SÍ! ¡SÍ! ¡SÍ!".

Sofía estaba casi lista
para su aventura familiar en la selva.
Sofía había ganado el Concurso
Nacional de Escritura sobre la Naturaleza. El premio
consistía en 4 boletos para viajar a Costa Rica.

Más tarde, en la escuela, los amigos de Sofía del Club del Medio Ambiente estaban muy emocionados y contentos por ella.

"¿Vas a montar camellos?"

"¿Verás a los osos polares?"

"¡Saluda a los pingüinos!", le pidieron sus compañeros de clase.

"¡No! ¡No! ¡No!". Les contestó Sofía con las manos en la cintura. "¡Esos animales no viven en Costa Rica!"

Esa tarde, Sofía y su familia fueron en coche hasta el aeropuerto.

Subieron al **avión** y volaron sobre las altas montañas hasta América Central.

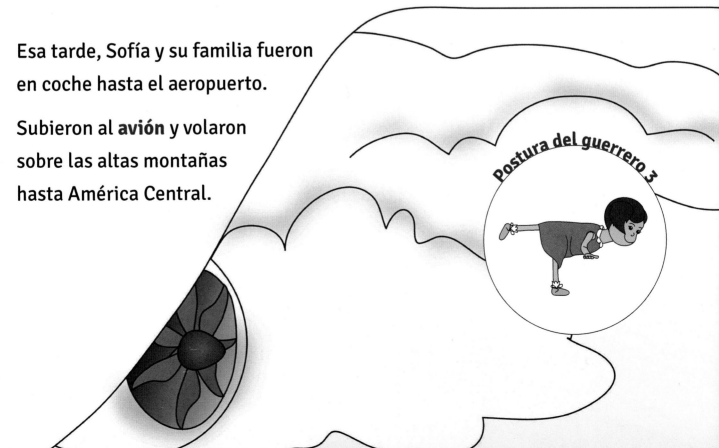

Postura del guerrero 3

Postura de la montaña

Al llegar a Costa Rica, tomaron un **autobús** que los llevó dando tumbos a través de un largo y polvoriento camino. Finalmente, llegaron a un pequeño pueblo. Allí conocieron a José de la Jungla, que sería su guía turístico a lo largo del día.

"Muy bien, espero que todos estén listos", dijo José de la Jungla. "Pónganse su protector solar, sombrero y botas. ¡Iremos a la selva!"

Saludo al Sol

"¡Necesitamos llegar a la cima de la montaña antes de que oscurezca!", dijo José de la Jungla y dirigió al grupo por un rústico sendero empedrado.

"Pero primero debemos **saludar al sol.**"

"Hola Sol",
dijeron Sofía y su familia.

"Muy bien, ¡vamos!".
Y comenzaron a **caminar**.

Caminar

Postura en cuclillas

"¡Uhuhuhahahahah!"
gritó un **mono**.

"¡Miren! ¡Un **tucán**!"
dijo Darren agachándose repentinamente.

"¡Síííí! ¡Mi ave favorita!", exclamó Sofía.

A ella le encantaban sus colores brillantes
y su enorme pico amarillo.

Postura del guerrero 3

Postura del leñador

Postura del árbol

"Miren allá..", dijo José de la Jungla. "Los **leñadores** están talando los **árboles**".
Su cara se entristeció.

"¡Oh no! ¿Qué va a pasar con los tucanes? ¿Y con los monos? ¿Y los jaguares?", preguntó Sofía. Sofía escribió una nota para comentarlo con sus amigos del Club del Medio Ambiente.

Postura del caballo

José de la Jungla y los viajeros lllegaron a una pequeña tienda que afuera tenía un **banco**.

Se detuvieron para tomar algunas bebidas refrescantes.

"Uffff", dijo Sofía mientras se limpiaba el sudor de la frente y bebía un sorbo de su botella de agua.

José de la Jungla extendió su mano, "¡Shh! Hay un **jaguar** detrás de esos árboles".

"Ohhhh", Sofía susurró emocionada.

Postura del gato

Postura de la cobra

"Tengan cuidado con las **boas** que se esconden entre los altos pastos", les advirtió José de la Jungla.

De pie inclinándose hacia el frente

Atravesaron rápidamente una montaña
escarpada y llegaron a una hermosa **cascada**.

Sentado inclinándose hacia el frente

¡Vamos a **nadar**!",
Darren se zambulló en el agua helada.

Postura del zapatero

Hermosas **mariposas** revoloteaban entre las rocas.

"¡Miren todos sus colores!", exclamó Sofía y se puso a dibujarlas en su cuaderno.

Luego de descansar en la cascada, continuaron navegando
por el río en un grupo de tres **canoas**.

Postura del barco

Miraron hacia las copas de los árboles,
escucharon a los monos, y
observaron las mariposas.

Piernas en tijera

De repente vieron cuatro ojos
que sobresalían del agua.

¡Eran una mamá **lagarto** y su bebé!

Postura del bastón

"¡Hay que **remar** más rápido!"
José de la Jungla, Sofía y su familia
remaron rápidamente río abajo.

"¡Uff, eso estuvo cerca!"
Sofía sostuvo el aliento.

¿Cómo les contaría esta parte
de su aventura a sus amigos?

Miraron hacia el valle. Entre los árboles se
escondían monos, jaguares, mariposas y serpientes.

"Ahh, ¡lo logramos!"
Se sentían cansados pero felices.

"Ahora recuéstense sobre su espalda,
relájense y observen cómo brillan las estrellas",
dijo José de la Jungla.

Sofía colocó suavemente su cuaderno de notas sobre su
estómago y cerró los ojos poco a poco. Se preguntaba a
dónde irían en su próxima aventura.

Lista de Posturas de Yoga para Niños

La siguiente lista pretende ser solamente una guía. Por favor incentiva la creatividad de los niños mientras garantizas su seguridad.

PALABRAS	POSTURAS DE YOGA	DEMONSTRACIÓN
1. Avión	Postura del guerrero 3	
2. Autobús	Postura de la montaña	
3. Saludar al Sol	Saludo al Sol	
4. Caminar	Caminar	
5. Mono	Postura en cuclillas	
6. Tucán	Postura del guerrero 3	

PALABRAS	POSTURAS DE YOGA	DEMONSTRACIÓN
7. Leñadores	Postura del leñador	
8. Árboles	Postura del árbol	
9. Banco	Postura del caballo	
10. Jaguar	Postura del gato	
11. Boas	Postura de la cobra	
12. Cascada	De pie inclinándose hacia el frente	

PALABRAS	POSTURAS DE YOGA	DEMONSTRACIÓN
13. Nadar	Sentado inclinándose hacia el frente	
14. Mariposas	Postura del zapatero	
15. Canoas	Postura del barco	
16. Lagarto	Piernas en tijera	
17. Remar	Postura del bastón	
18. Relájense	Postura del muerto	

Guía de los Cuentos de Yoga

Esta guía está dirigida a profesores de yoga para niños, maestros de la escuela primaria, educadores de la primera infancia, padres, tutores y abuelos – cualquiera que quiera experimentar la alegría del yoga junto con los niños

La seguridad es lo primero. Asegúrese de que el espacio esté despejado y limpio. Dedique un tiempo a retirar cualquier objeto peligroso o innecesario. Un espacio adecuado podría ser una habitación de más en la casa, un estudio de yoga, un aula, o al aire libre en un parque.

Despierte sus sentidos. Use música que complemente su viaje en la selva. Siéntase en la libertad de agregar accesorios o imágenes que retraten un escenario de selva. O incorpore algo que los niños puedan saborear para entrar en ambiente. Haga que el espacio se vea llamativo y estimulante.

Los accesorios son bienvenidos. Extienda una colchoneta de yoga para cada niño y dispóngalas en la manera que mejor se adapten al espacio. Las colchonetas puestas en un círculo parecen funcionar mejor para grupos de niños más pequeños. Asegúrese de que todos los niños puedan verlo. También puede usar toallas en lugar de colchonetas de yoga.

Establezca las expectativas. Al principio de la clase, repase las expectativas y las instrucciones para la sesión. Sea consistente y claro en su comunicación.

La repetición es efectiva. Siéntase en la libertad de contar la historia tantas veces como quiera mientras que los niños estén interesados. Pida a los niños que digan o adivinen cuál es la siguiente postura en el viaje.

Siga la secuencia del viaje. Recomendamos que siga la secuencia de las posturas de yoga que se describen en la historia, porque han sido ordenadas en una secuencia específica para crear una clase de yoga para niños bien equilibrada y segura. Siéntase en la libertad de agregar más posturas, pero intente que las posturas estén estrechamente ligadas a la secuencia. Por ejemplo, si está realizando la secuencia de posturas de pie que presenta la historia, puede agregar otras posturas de pie. Evite agacharse inclinándose hacia el frente durante la secuencia de posturas de pie; en cambio espere hasta que la historia lo lleve hacia abajo con posturas similares.

"Ou-ou-ou-Ah-ah-ah!"

Diviértase y disfrute. Una clase de yoga para niños no es tan formal como una clase para adultos. Permita que los niños se tomen su tiempo para explorar las posturas y los movimientos. Enfóquese en el viaje y evite enseñar posturas perfectamente alineadas. El viaje pretende ser divertido y agradable para los niños.

Mantenga la experiencia conectada a la realidad y con sentido. Capture la imaginación de los niños y vincule el tema de la historia con sus vidas cotidianas.

Hágalo con entusiasmo. Los niños se alimentarán de su entusiasmo. Cuente historias personales que estén relacionadas con el tema del libro. ¡Ellos se involucrarán más si ven que usted también está disfrutando!

Explique la intención y el propósito. Explique a sus jóvenes "viajeros" a dónde los llevará su viaje imaginario y cómo se desenvolverá la sesión. Le recomendamos que primero lean la historia todos juntos y luego que realicen las posturas durante una segunda lectura. Hágalo de la forma que mejor se adapte a usted y a su grupo.

Adapte la historia a la edad del grupo. Use los Cuentos de Yoga para Niños como una guía, pero adáptelos de acuerdo a la edad del grupo de niños en su clase. Usted puede alargar o acortar la historia para asegurarse de que los niños estén completamente involucrados durante el tiempo que están juntos. Nuestra recomendación es que trabaje con niños de cuatro a ocho años de edad, ya que son capaces de concentrarse por períodos más largos, disfrutan de este tipo de movimientos y aman que les cuenten historias. Divida el viaje en un par de posturas para cada sesión si está trabajando con niños de tres a cinco años. Agregue más posturas y amplíe las ideas si está trabajando con niños de más de seis años de edad. Ellos podrían escribir sus propias historias, inventar sus propias posturas, leer las historias por su cuenta, leer libros sobre el tema, tomar fotografías de ellos mismos realizando las posturas, o pintar imágenes de las posturas y los animales.

Tenga en cuenta las habilidades de los niños. Enfóquese en las fortalezas de los niños. Tenga en cuenta cualquier desafío de capacidades físicas o mentales que los niños (o un único niño) traigan a la sesión.

Adapte la historia al tamaño del grupo. Recomendamos que el tamaño del grupo sea de alrededor de ocho a diez niños, pero puede realizar este viaje con un solo niño y hasta con treinta. También recomendamos que la duración de la clase sea de aproximadamente treinta minutos a una hora. Para grupos de diez niños o más, sería una buena idea leer la historia primero como grupo, hablar sobre las diferentes posturas, plantear sus expectativas, y luego leer la historia nuevamente mientras realizan las posturas.

Promueva la compasión y la amabilidad. Construya y guíe un viaje imaginario donde la compasión y la amabilidad sean parte integral de la experiencia. Enseñe a los niños a seguir este lema: "Respétense Ustedes Mismos, Respeten a Otros, Respeten la Propiedad y Respeten el Medio Ambiente".

Sea abierto y acepte. Aliente las fortalezas de cada niño y permítales experimentar sentimientos de éxito y aceptación.

Irradie creatividad, imaginación y abundancia. Aliente a cada niño a explorar su propia creatividad e imaginación a través del movimiento y la respiración. Aprecie los momentos en silencio para la reflexión. Haga muchas pausas. Recuerde: los milagros no están en el resultado final sino en el viaje que nos lleva hasta allí.

Acerca de Kids Yoga Stories

Esperamos que hayas disfrutado la experiencia de **Kids Yoga Stories** (Cuentos de Yoga para Niños).

Visita nuestro sitio web, www.kidsyogastories.com, para:

Recibir actualizaciones. Para conocer las novedades, los sorteos, artículos e ideas para tus actividades, regístrate gratis en nuestro **Boletín de Cuentos de Yoga para Niños.**

Comunicarte con nosotros. Por favor comparte con nosotros tu experiencia en tu viaje de yoga. Envíanos fotos practicando las posturas o leyendo la historia. Describe tu viaje en nuestras redes sociales (Facebook, Pinterest, Google+ o Twitter).

Revisar recursos gratuitos. Lee nuestros artículos sobre libros, yoga, viajes y crianza de los hijos. Descarga uno de nuestros planes de lecciones de yoga para niños o nuestras páginas para colorear.

Leer o escribir una reseña. Lee lo que otros tienen para decir sobre nuestros libros o publica tu propia reseña en Amazon o en nuestro sitio web. Nos encantaría escuchar cómo has disfrutado este libro.

Gracias por ayudarnos a difundir nuestro mensaje integrador del aprendizaje, el movimiento y la diversión.

Giselle
Kids Yoga Stories

www.kidsyogastories.com
info@kidsyogastories.com
www.facebook.com/kidsyogastories
www.pinterest.com/kidsyogastories
www.twitter.com/kidsyogastories
www.amazon.com/author/giselleshardlow

Sobre la Autora

Giselle Shardlow desea inspirar a los niños recurriendo a su experiencia como maestra de escuela primaria a nivel internacional, viajera por el mundo, profesora de yoga con formación de posgrado, madre y yogui. Ella vive en San Francisco con su esposo y su hija.

Sobre la Ilustradora

Emily Gedzyk es una viajera que recorre el mundo y obtiene su inspiración artística de los lugares que ha visitado y de las personas en su vida. Ella espera seguir viajando a lugares nuevos y emocionantes para enseñarles a todos los que conoce que nunca es demasiado temprano o demasiado tarde para salir al mundo en busca de sus propias aventuras.

Otros Libros Inspirados en el Yoga por Giselle Shardlow

Hello, Bali

Good Night, Animal World

Luke's Beach Day

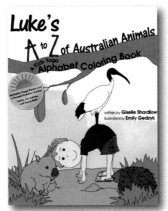

Luke's A to Z of Australian Animals Coloring Book

The ABC's of Australian Animals

Anna and her Rainbow-Colored Yoga Mats

Muchos de estos libros están disponibles en español
y en formato eBook.

¡Disfruta esta página para colorear de..

Sophia's Jungle Adventure
Coloring Book

Made in the USA
Middletown, DE
26 January 2022

59722254R00022